La testigo y otros cuentos

Raúl Martínez Rosario

La testigo y otros cuentos

Raúl Martínez Rosario

Segunda edición

Obsidiana Press

www.obsidianapress.net

La testigo y otros cuentos

Entrescrito.com
raulmartinezarosario.tripod.com

ISBN 978-1-948114-26-4

Primera edición: 2006
Segunda edición: agosto de 2020

Obsidiana Press

www.obsidianapress.net

E-mail: info@obsidianapress.net

Tel.: (917) 8535095

A mi esposa

Betty Martínez Peguero

Recomienza la vida, amor, cuando al despertar a tu lado

Mi cuerpo encuentra tu cuerpo y tus ojos los míos.

Y a nuestros hijos:

Elizabeth y Raúl Gabriel Martínez

"Ojalá que puedan conocer los veranos que he vivido yo y esos libros viejos que guardé pensando en ustedes conmigo."

Canción popuar.

La testigo

Palabras preliminares

Después de haber publicado la *"Travesía en yola, Odiseas a Puerto Rico"*, novela-testimonio sobre la emigración ilegal de los dominicanos por el Mar Caribe, pongo a disposición del lector: *"La testigo y otros cuentos"*. Aquí presento algunas de muchas fantasías y vivencias, propias y ajenas, que han venido latiendo sutilmente por dentro. Para adormecer los latidos, he dado forma tangible a lo referido y lo he nombrado. Entre los cuentos de esta colección, *Aprendiendo a nadar* está tomado de mi último libro: *Entrescrito: texto con dos lecturas.* Dicho cuento debe leerse completo primero; y, en continuación de su misma lectura, debe leerse, de abajo hacia arriba tan sólo su *extratexto* (sus áreas resaltadas en negrita). Al mirar lo inventado y saber que ya está fuera de mí, surge entonces el impulso de hacer otras creaciones cuyo palpitar ya se presagia. El cuento, que exige brevedad y acierto para evocar los hechos, resuelve con prontitud para el autor el asunto de ver terminada ciertas piezas literarias y, para el lector, ofrece la ventaja de que puede recibir, en pocas palabras, lo que al autor le pudo haber tomado una buena dosis de inspiración o largas horas de trabajo. Los maestros de siempre: Maupassant, Kipling, Chekhov, Bosch, Márquez, entre muchos otros, nos dan muestra de que cualquier hecho, real o imaginario, usual o inusual, bien manejado puede ser materia prima para un buen cuento. Con "*La testigo y otros cuentos*", aspiro a adentrar al lector al universo de los personajes de las historias que narro; que al igual que yo, al crear o recrear cada cuento, él también al leerlo, llegue a sentirse personaje o testigo.

Raúl Martínez Rosario
Chicago, agosto, 2020

La testigo

Mi historia no es la más triste; lo juro. Pero no me corresponde contar las ajenas: nunca robaría lo ajeno, aunque he sido despojada de las cosas de mayor valor que traía. Los problemas comenzaron cuando no pude salir de Nueva York en el vuelo asignado. Debí esperar hasta el siguiente día en que hubo cupo para mí. Éramos cuatro que habríamos de viajar juntas, pero yo, sólo yo corrí la suerte adversa de que mi vuelo me dejara. He viajado poco. Es mi primera vez en este suelo de impúdicos y cleptómanos. Nunca pensé que llegar con un día de retraso iba a significar tanta angustia, tanta pérdida, tanto dolor. Desde mi llegada, en distintos lugares de este sitio, he visto seres sin rostro. El aire está viciado por el olor, el olor nauseabundo del órgano gangrenado. He presenciado historias peores que la mía, pero prometí no contarlas. En todo caso, muchas son parecidas a la que continuaré desenredando.

Llevo tres días en este aeropuerto. Tengo una herida

en un costado. Mi barriga esta flácida. He perdido más de la mitad del peso con que llegué. Los que laboran aquí a diario me conocen, pero me han perdido el interés: ya no se acercan a mi barriga sumida. No me queda el dinero que traía en un sobre: "Para entregar a la abuela Virtudes." Perdí un reloj, muy caro: "Para Esperanza." Y los tenis: "Para Dolores y Socorro." Ya no traigo zapatos. No me queda ni la pasta ni el cepillo dental que traía en mi bolsillo delantero. Anoche alguien habló de llevarme a su casa, pero cambió de idea: se llevó a una pequeña que estaba a mi lado. Más tarde, en la penumbra, dos hombres, a hurtadillas, se acercaron maquinalmente. No Tenían rostro ni la intención de llevarme. Uno quedó a distancia, al acecho, el otro se acercó y, sin mediar palabra, sacó una filosa navaja y ágilmente me atacó. Me sajó un costado. No pude hacer el más mínimo ruido. El otro vigilaba por si alguien se acercaba. Mi atacante metió una mano por la larga herida mientras con la otra mano soportaba mi cuerpo. Movía su mano dentro de mí como quien busca algo perdido. Me despojó de todo lo que quiso y me dejó tirada en el suelo. Los dos se alejaron riendo: celebrando su hazaña y compartiendo lo hurtado. Más tarde, pasó cerca de mí un mozalbete, el más joven de los que trabajan en el lugar. Al verme tendida en el piso, me arrastró hacia un lado; pero no notó mi herida. Rebuscó en mi bolsillo delantero. Y una pasta y un cepillo dental que halló, se llevó.

Ahora veo llegar a un hombre con rostro. Lo he visto

antes. Hombres sin rostro lo traen a mí. Me reconoce. Nota mi desventura. Aunque nervioso, cuidadosamente me inspecciona. Encuentra mi herida. Ira y dolor manan de su semblante. Los hombres sin rostro aseguran que no ha pasado nada... que en todo caso, poco o nada se puede hacer. El hombre con rostro se torna histérico. Vocifera palabras obscenas.

--¡Llévesela! --articularon los hombres sin rostro--. ¡No hallará ningún responsable!

El hombre con rostro retorna a mí. Me cierra la boca, que tenía entreabierta. Me carga en su espalda, sale del aeropuerto y maldice sin recato:

--¡Ladrones descarados, hijos de puta!

Camina hacia donde su compadre, qué en su vehículo nos espera. Lleno de rabia le dice:

--¡Este país no se arregla, compadre! ¡No hay respeto, maldita sea! En Nueva York, tuvieron que ayudarme a cargarla, y cójale el peso ahora. La vaciaron. Se robaron, desde un sobre con un dinerito que Mercedita le envió a doña Virtudes, hasta mi pasta y mi cepillo dental.

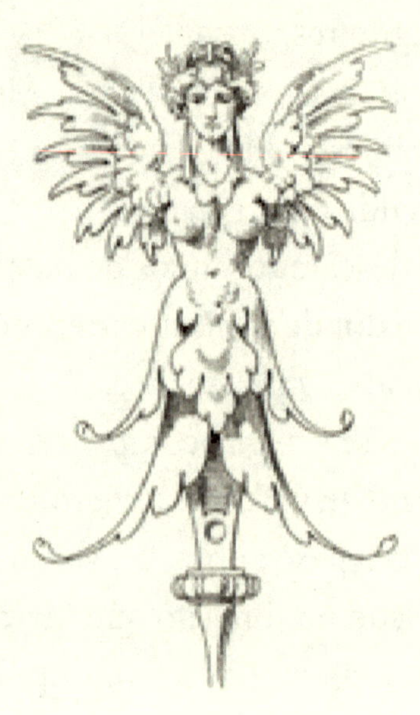

Traición

A mi tía Ramona Rosario Brito que tanto cariño me donó en mi niñez.

No puedo perdonarla. Pudo haber resuelto todo de otro modo; pero se puso en contra mía. Por eso estoy ahora encerrado entre estas paredes. Me dijeron que estaré mucho tiempo aquí. Algunos reos, sin embargo, afirman que no es cierto que me vayan a echaran tanta cárcel. No encuentro qué creer. No sé de leyes y tal vez quienes me consuelan sepan muy poco más que yo. No me arrepiento de lo que le hice a Andrea; se lo merecía. Sólo me duele no haberme podido escapar. Planeé aprovechar cualquier oportunidad, pero no tuve ninguna. Nueve o doce años es mucho tiempo. Hoy tengo apenas cinco días en este edificio maloliente, donde cada preso quiere saber la razón por la que el prójimo está aquí. Es el peor lugar imaginable. La comida causa asco. Para desayuno, nos sirven avena o chocolate aguado con pan duro; para almuerzo arroz empegotado, unas veces desabrido, otras veces salado, la compaña se alterna entre arenque o bacalao resecos. Lo que más detesto es el sabor a rancio que algunas comidas traen impregnado. Las camas, con sábanas desgarradas y descoloridas, huelen a humedad, a embutido podrido; algunas despliegan manchas de pus o de sangre. Nos hacen levantar muy temprano y, desde los dormitorios, nos encaminan y nos encierran en una gran celda común. Sus paredes, de pintura descascarada, tienen la altura de dos pisos. El centro del alto techo tiene una abertura de seis pies cuadrados resguardada por espesos barrotes de acero para que nadie intente escapar. La abertura facilita el paso de la luz del día y la del agua cuando está lluvioso. Somos poco más de cien reclusos. Algunos juegan y hacen chistes y, por los rincones penumbrosos de la celda común, hasta reos de cortísima edad practican la homosexualidad. Los más destacados hablan de matar, de robar y con orgullo proclaman todas las fechorías que dicen haber hecho y las que planean hacer al verse libres. Pero durante el interrogatorio, cada quien negó lo que le imputaron. Yo jamás negué lo que hice. Le confesé al policía que me interrogó:

--Yo estaba a buena distancia; la oí hablar a la entrada de su casa; tomé una piedra pesada y, al ubicar su silueta, arrojé con toda mi fuerza. Sólo escuché el quejido de ella, porque la noche oscura me impidió ver. Corrí entonces alejándome. Después, escuché rumores de que la había matado, de que le había desbaratado la cara...

Narré con tal gusto, con tal convicción de que había hecho lo correcto, que obtuve la admiración del policía que me interrogaba. Le dijo con una sonrisa a otro policía:

--¡Este es el primer preso que interrogo que no alega ser inocente!

¡Inocente yo! Nunca pensé que pudiera serlo. No imaginé que pudiera usar esa palabra en mi favor. Para mí lo hecho, hecho estaba y sólo me dolía la traición. No me consideraba malo en absoluto. Me sentía orgulloso de lo que había hecho. Mi madre también debió estarlo. Debió comprender que lo hice tan sólo por resistirme a que Andrea continuara con sus abusos. Toda la gente que dice que soy tranquilo, que soy una gran persona me entenderá; al enterarse, no me considerará malo. Yo considero mala a la que me traicionó. Nunca pensé que llegaría a tal extremo conmigo, a quien se supone que amara. Ahora estoy seguro de que nunca me amó. Tal vez tampoco la he querido. Jamás me dijo te quiero. Jamás la sentí cerca para contarle mis cosas. La vida pasaba entre nosotros, monótona, como el lento discurrir del río Ozama, una de cuyas orillas despliega, bajo el puente y a sus lados, el pobrísimo arrabal al que pertenece nuestra estrecha vivienda de hojalata y cartón. Como el agua del río y sus orillas, ella y yo también estuvimos atados por el constante fluir de estar vivos y de no poder deshacernos el uno del otro. Para ella yo era obligación, ella para mí: un rostro desdibujado, un animal grande y feo del que se es presa y no se puede escapar porque no se tienen alas, porque se pende de un lazo que aunque se quiera no se puede romper. Quizás debí irme. Buscar otros rumbos y dejarla. Escaparme. Ella era cocinera en un restaurante que quedaba a cuarenta minutos de nuestro hogar. Regresaba pasada la media noche con algo de comer que conseguía en su trabajo. Hablábamos poco. Casi nunca contestaba a sus regaños ni la odiaba por ellos. La odio ahora, porque no puedo aceptar como acto de amor lo que me hizo.

* * *

Ya he cumplido mi condena. Dicen que mañana me libertarán. Por suerte que no duré todo el tiempo que me dijeron que iba a estar preso. Por mala suerte, no tengo otro lugar para donde ir que no sea para la casa de mi madre. No tengo padre ni nadie a cuya casa pueda irme. Aunque estoy más calmado, no acabo de entender el comportamiento de mi madre después de lo que le hice a Andrea. Andrea es su prima; pero yo soy: su hijo. Debió ponerse de mi parte cuando supo la tragedia. Me duele recordar que mi madre se valió de artimañas y que me hizo creer que me comprendía, que estaba de mi parte. Pero me engañó y yo tontamente caí en su mano: la siguiente tarde al suceso, yo, hambriento y cansado de huir y de esconderme, fui a ver qué cara tenía mi madre y a explicarle mis razones. Fingió comprenderme. Y, con gran calma, mientras me extendía unas monedas, me dijo:

--Ven cómprame un conito de hilo.

--¡Usted me quiere pegar! --desconfié.

--Te juro que no te pegaré. Ven hazme el mandado.

Escuchado el juramento, me acerqué y, al intentar tomar el dinero, con la velocidad de un rayo, su mano se prendió a la mía y por nada me le pude zafar.

--¡Eres un desgraciado! --sentenció--. ¡Debes ver cómo le pusiste la cara a esa mujer!

Me vistió mientras lloraba angustiado sin saber qué destino me esperaba. Después me llevó a donde Andrea, su prima solterona, qué vivía sola y muy cerca.

--¡Mira lo que le hiciste a esa pobre mujer! –insistía.

Me resistía a verla. Pero mi madre, retorciéndome el pelo y una oreja, acercó mi cara al rostro odiado de Andrea. El golpe le había hinchado el lado izquierdo de la cara y había amoratado toda la órbita del ojo. No sentía lástima por ella. Me sentía aterrado porque no me habían dicho qué harían conmigo. Temía que sería algo peor que una golpiza, pero no alcanzaba a imaginar qué podía ser. Mi madre mantenía mi flacucho brazo fuertemente agarrado. Después buscaron un carro de transporte público. Planeé arrojarme del vehículo cuando fuera en marcha; pero mi madre me sentó en medio de ella y del chofer. Andrea iba atrás luciendo la hinchazón de su medio rostro magullado. Al cabo de un largo silencio, las dos me hablaron del lugar adonde me llevaban. Me explicaron que saldría de allí dentro de nueve o doce años, que me iban a enseñar a respectar a los mayores, a ser un hombre y además, que aprendería algún oficio de utilidad para cuando me viera libre. Parecían gozar con lo que me decían, y eso aumentaba mi odio por las dos. Entraba la noche cuando llegamos a un destacamento policial. Después de una breve espera, un policía se dispuso a atendernos. Yo esperaba que mi madre me aflojara un poco la muñeca para desprendérmele y salir huyendo.

--Señoras ¿en qué podemos ayudarlas? –fueron preguntadas en tono cortés.

Se acercaron, mientras mi madre continuaba prendida fuertemente a mi brazo, adivinando la intención que me poseía. Le habló al policía de modo convincente sobre mi mala conducta. Yo odiaba sus palabras y sus gestos:

--Señor oficial –dijo con cara y tono de quien va a echarse a llorar--, necesito que me ayuden con este muchacho. Soy madre soltera y no puedo soportarlo. Mire usted lo último que hizo.

Y le mostró el lado izquierdo de la cara de Andrea. Continuó hablando de mí y me parecía que hablaba de otra persona. Impotente, escuchaba sus exageraciones pintarme como al ser más vil que existiera.

--¿Por qué hizo usted eso? –me preguntó el policía. Yo contesté con la verdad:

--Mi mamá se va a trabajar por las tardes y me deja solo, y esta mujer dondequiera que me encuentra se mete conmigo. A veces, me insulta y me da golpes sólo por el gusto... anoche fui al cumpleaños de una amiguita. Esta mujer también fue y, al encontrarnos, me dijo que debía irme inmediatamente a mi casa a esperar a mi madre. Yo en cambio le insistí en que contaba con el permiso de mi madre para estar en la fiestecita, pero de nada me valió. Terminó por sacarme a correazos de la fiesta delante de todos mis amiguitos y mis amiguitas. Por eso procuré vengarme...

--Este muchacho no quiere obedecer a los mayores —interrumpió mi madre--. Ella tiene derecho. Yo le he pedido a ella y a todos los vecinos que si me lo ven en algo malo, me le den su pela. Porque yo no soy una madre consentidora.

--¿Cuántos años tienes? –preguntó el policía.

--Nueve –respondí. Entonces él le dijo a mi madre:

--Déjenoslo, señora. Esta misma noche lo mandaremos para La Casa Albergue, la correccional de menores.

Hizo seña a otro policía quien me despegó de la mano de mi madre y me encaminó hacia atrás, a un patio de paredes altas. Cuando me llevaba torné a mirar a mi madre y a Andrea poniendo todo mi rencor en la mirada. Mi madre no se dejó perturbar. Andrea, en cambio, me regaló una sonrisa burlona y triunfal. Las dos se quedaron firmando los papeles de lugar y repitiendo, a su modo, los detalles del suceso.

Hoy van a soltarme. Vino a recogerme. Está firmando otros papeles. Y parece arrepentida de lo que me hizo. Pero yo aún la odio; lo que me ha hecho no se puede olvidar en sólo doce días.

Amor realizado

Al entrar y cerrar la puerta, nos miramos a la cara y nos dimos cuenta entonces de que estábamos al fin juntos, solos y lejos. Una hora antes me habías recibido en el aeropuerto pero, al entrar las ocho, ya ocupábamos la habitación de nuestro hotel. Tú lucías flaca y demacrada. Aún no te habías recuperado del deterioro físico sufrido durante dos días y dos noches de lenta y ardua navegación por las aguas del Caribe.

--¡Qué delgada estás! --te comenté--; aunque sigues siendo tan bella como siempre.

Te acercaste al espejo. Yo fui tras de ti y, mirándote a través del cristal impecable, abracé tu cintura y murmuré a tu oído:

--¡Qué linda eres!

--¿De verdad? --dijo tu cándida y acariciadora voz.

--Tú lo sabes. –respondí con ternura.

Y junto a mí estabas, como una obra de arte, como una escultura viviente cuya suave y tibia respiración izaba la vela de mis deseos más hondos. Temblaba ante tu delicada presencia. Procuré juntar tu frente con la mía. Después tomé tus manos y besé sin prisa tus largos y bien torneados dedos.

Alborozado de deseos, te tomé en mis brazos y te deposité sobre las blancas sábanas y mis ávidas caricias se adueñaron de tu pelo, tu cuello, tu espalda.

--Vas muy de prisa --dijiste. Pues tu mente vagaba aún en un laberinto de incertidumbres y angustias por lo que nos esperaba al día siguiente.

Yo, en cambio, continuaba con sed de ti. Humedecí con los tuyos mis labios y comencé a tirar del cierre del vestido. Tú sonreías distraída. Insististe en demorarme:

--Hablemos un poco de mañana, primero.

Con voz tenue, entrecortada por los besos, respondí:

--No te preocupes por mañana. Ya hemos hablado de eso por teléfono y luego habrá tiempo para ocuparnos del asunto nuevamente. Nuestro vuelo saldrá a las seis y treinta de la tarde.

--Sabes –insististe--, disfrutaría inmensamente esta noche si no tuviera que pensar en mañana.

--Por favor, amor, no te preocupes por mañana. Todo saldrá bien. Partiremos a la tarde. Tranquilízate ahora y dime, ¿te gusto?

--Mucho. Además eres tan dulce.

--Y tú tan tierna, tan bella. Adoro tus pequeños ojos de tórtola y el perfil de tu cara angelical.

--¿Y qué más adoras?

--Este largo pelo negro. Y ahogar con mi boca tus palabras.

Juntamos entonces los labios lentamente. Tú cerraste los ojos y te entregaste entera al silencio de mis brazos y tus cabellos se enredaban a mi aliento. Afuera avanzaba la noche, y en la habitación, a media luz, el aire-acondicionado mantuvo frescos nuestros cuerpos.

Más tarde, bajo la noche inmensa, abrazados caminamos por la rivera de la bahía. La luna tenuemente se mecía sobre el agua. Te dije:

--Te imaginas, tú y yo, con nuestro apartamento, nuestro carro... y dándonos mucho amor.

--Detuviste la marcha. Y en esos instantes deseaste que mañana ya hubiese pasado, que hubiese sido historia el peligro de cruzar el aeropuerto. Meditando en estas cosas, posaste fijamente tus ojos en mí e indagaste:
--¿Qué harías si me apresan y me envían de regreso?

Realmente nunca me había detenido a pensar en esa innegable posibilidad. Te abracé fuerte y respondí convencido:

--Eso no va a pasar. Te pareces al prototipo de mujer bella puertorriqueña o a muchas de las norteamericanas hermosas que veo en Chicago. Pero si ocurriera, si te detuvieran y aún te deportaran, batallaré. Yo estoy contigo hasta las últimas consecuencias.

Nos miramos en silencio por unos instantes hasta que, con un hondo suspiro, al tiempo que reiniciamos nuestra caminata, murmuraste:

--Ojalá que todo salga como dices: que no tengamos contratiempo alguno.

La luna llena y limpia se adueñaba del cielo despejado y, bajo ella, respirábamos el aire fresco de la bahía. Cenamos en un restaurante cercano y después regresamos al hotel.

Esa noche, hablamos de nosotros prolijamente. Recordamos el momento en que nos conocimos, hacía entonces diez años. Tenías quince años cuando te vi por primera vez. Eran años de escuela secundaria. Yo más que tu amigo, fui tu admirador, tu enamorado. Y más de una vez soñé compartir mi vida contigo. Después fue tiempo de universidad. Debí mudarme a un barrio lejano y, de golpe, me vi rodeado de otra gente, de otros amigos. Contigo ocurrió lo mismo. Más tarde cada quien, por su lado, se entregó a otra persona. En ambos casos, nos donamos a individuos que al saberse queridos, fueron poco cariñosos y hasta crueles. En vano soportamos algunos pisotones intentando llevar la empresa conyugal a éxito. Y sabes, Bella, que grande suerte la nuestra, la de reencontrarnos después de seis años sin vernos. Fue casualidad que al pasear por nuestro viejo barrio Simón Bolívar reconociera de espalda la figura de una mujer alta y esbelta que con su pelo negro suelto usaba un teléfono público. Me acerqué emocionado y al ver tu rostro sólo pude exclamar:

--¡Bella, pero tú si estás linda!

Repetiste mi nombre radiante de alegría. Estuvimos

el resto de la tarde juntos. De ti, me contaste: que trabajabas de secretaria, que resolviste regresar a la universidad y, lo más importante, que no había nadie en tu vida. Por mi parte, te platiqué de mi desdicha con mi pareja, de mi vacío en el amor, de mi soledad. Mi compañera y yo nos veíamos unas dos veces al año cuando regresaba al país para estar con ella y para disfrutar de mi terruño y de mi gente. Era una mujer respetable, pero desatenta. Yo le insistía en que no me sentía querido del modo que yo aspiraba. Ella replicaba:

--Así soy, estás a tiempo. Búscate otra que sea cariñosa y a quien le agrade compartir tus interminables viajes a todos los rincones del país.

Al encontrarte, Bella, te conté estos asuntos. Consentiste en ir conmigo en un paseo de esos que tanto me gustan. Fuimos por el Sur, hasta Azua. Ocupamos el último asiento del autobús. Contemplamos con deleite la larga carretera, el mar a lo lejos, el árido paisaje. Y nos confesamos sin rubor nuestros anhelos e intimidades. Tú entonces me dijiste:

--Como es la vida, por un hombre como tú yo dejaría todo. Hasta osaría cruzar el mar en una yola sólo para estar junto a él.

No podía creer lo que escuchaba. Te dije lleno de emoción:

--Si tú haces eso, te juro que en cuanto llegues a Chicago me casaré contigo y nada ni nadie se interpondrá a nuestro amor.

--De verdad, ¿te casarías conmigo?

--¡Claro que me casaría! Lo difícil no es que yo me case contigo. Lo difícil es que tú te aventures a un viaje ilegal, una travesía tan áspera y temeraria y que además logres completar esa parte tan peligrosa que es llegar a Puerto Rico navegando en una embarcación pequeña e insegura a través de un mar bravío e infestado de tiburones.

--Yo lo haré --aseguraste--. Ya verás que lo haré.

Y sí que lo hiciste, Bella. Un mes después de proponértelo, arriesgaste tu vida y viniste a Puerto Rico. Hoy cumples tres semanas en esta isla, hoy que llegué de Chicago para hacer más fácil que cruces mañana ese aeropuerto donde procuran detener a los indocumentados, como tú, para repatriarlos. La noche avanza en esta confortable habitación donde trato de serenarte, de hacerte creer que mañana todo saldrá bien en el aeropuerto.

Al día siguiente, paseamos tomados de las manos por algunas callejuelas de piedra del Viejo San Juan. Nos detuvimos en una librería; seleccioné una tarjeta para ti. Desplegaba estas palabras de aliento en inglés:

"So as you face
These trying days,
Please remember
That your own courage
And wisdom
Will guide you through

This troubled time
And help you emerge
A stronger person
Ready to begin
A brighter tomorrow
With renewed faith and hope."

A las 5 de la tarde llegamos al aeropuerto. Presentamos los boletos en el mostrador de nuestra línea de vuelo. Caminamos entonces un rato dentro del aeropuerto. Después nos detuvimos, a distancia prudente, frente a la salida de seguridad de la terminal en la que estaba nuestra línea aérea. Yo insistí en algunas instrucciones:

--Ves esos dispositivos de seguridad por donde están cruzando los viajeros –te dije--. Por ahí debemos pasar nosotros. Ves, al otro lado, aquel hombre de traje negro que está parado, es un empleado de inmigración de los Estados Unidos, un perro sabueso que trata de detectar si quien pasa es indocumentado. Cuando tiene alguna duda, detiene al viajero que si no es estadounidense ni puertorriqueño tiene que presentar documentos de legalidad para estar en los Estados Unidos, si no los tiene, es apresado para una posterior deportación.

Entendiste la situación, Bella. Entonces te expuse el plan para cruzar disminuyendo los riesgos de que fueras detenida. Yo cargaba un maletín y un paraguas, vestía un elegante traje gris y zapatos negros. Tú vestías jean azules y zapatos negros. Te habías recogido el pelo.

Cargabas una diminuta maleta. Te dije:

--Es casi seguro que como soy de piel morena y con facciones de dominicano, ese inspector me va a detener. Si nos presentamos juntos, al pararme a mí, también querrá que le muestres pruebas de legalidad que tú no tienes. Así pues que colócate detrás de mí y mientras él se entretiene conmigo, pasa tú, como que andas sola. No te detengas. Sigue caminando pasillo abajo que yo después te alcanzaré.

Cuando creímos oportuno, nos acercamos a los dispositivos de seguridad. Ibas tras de mí poseída por la incertidumbre de unos instantes eternos que irradiaban en tu pecho y tu vientre un frío metálico que dificultaba tu respiración. Yo deposité mi maletín y mi paraguas y crucé el detector de metales. Me eché a andar y tan pronto hube mudado unos pasos fui interceptado. El tipo se interesaba por saber mi destino, mi nacionalidad y mi situación de legalidad. Yo respondía con calma sus preguntas, en tanto, tú pasabas el detector de metales y recogías tu maletita y además el paraguas que yo había olvidado. Cuando te disponías a pasar por nuestro lado, el inspector, que aunque lidiaba conmigo, también seguía alerta a quienes continuaban cruzando, abrió la mano para recibir los documentos que extraje de mi maletín. Los revisaba, en tanto, tú pasaste por nuestro lado; cruzaste muriéndote de miedo, pero sin ser molestada. Me esperaste a distancia. Concluida la inspección, te alcancé. Eché mi brazo sobre tus hombros y te dije:

--¡Eso era todo, mi amor!

--¿¡Ya!? --respondiste incrédula, pálida, trémula.

--¡Sí amor, sí amor! No hay nada más a qué temer.

Y a paso lento fuimos abrazados por el pasillo hasta hallar y abordar nuestro avión. Estabas sonriente, aunque aún nerviosa. Te cedí la ventanilla para que tuvieras mejor vista. Una norteamericana de unos cincuenta años y de grata presencia ocupó el tercer asiento. Tú no te atrevías a decir gran cosa. Mas no hacía falta que hablaras: eras feliz. El avión que se elevaba desvanecía las últimas dudas e imprimía un tono de complacencia a nuestros rostros. Tus manos, que apretaban las mías, sentíanse aún heladas. Mas tu sonrisa iluminaba todo tu semblante y hacía latir mi corazón regocijado. Estaba orgulloso de llevarte a mi lado. El vuelo, sin escala, duraría cerca de cuatro horas. Tú poco a poco, te ibas sintiendo menos tensa, más relajada. Al principio miraste con atención las largas hileras de asientos repletas de pasajeros. Después, con rostro sonreído y gran deleite, observaste las nubes algodonadas y el ancho mar y, con voz apacible, me dijiste:

--¡Estos son los momentos más intensos que yo haya vivido!

--Y yo a tu lado voy sintiéndome doblemente en las nubes –respondí.

Entonces nos abrazamos, Bella, nos besamos y confundimos nuestras lágrimas. Y luego no solté tu mano donde mi boca a cada instante depositaba un beso.

--¡Son recién casados!, ¿verdad? --dijo la norteamericana que viajaba a mi derecha.

--¡Si señora! --respondí cortésmente a la mujer que nos veía con complacencia.

--Les deseo mucha suerte --agregó después de algunas palabras--. Y que nunca les falte el amor y la comprensión que hoy se dispensan.

Había comprado una botella de vermú y otra de un ron puertorriqueño. Pedí un vaso con hielo a una aeromoza y, aunque como casi siempre, tú te negaste a tomar, yo en cambio, a tu lado me embriagaba con tragos y besos.

Después de casi dos horas de vuelo, por la ventanilla, vimos el contraste de tierra y agua cuando el Océano Atlántico, en una larga y zigzagueante línea espumosa, se interrumpía ante la colosal masa de tierra de los Estados Unidos de América. En esos instantes te dije:

--Cariño, desde hoy comienza para nosotros una nueva vida. Nos daremos todo el amor y la comprensión que nos han faltado. Yo ya estoy entregado a ti por completo. Y reconozco en ti una gran mujer, el gran amor que nunca tuve y que siempre soñé.

Entonces sonriendo, con un dejo de timidez, me besaste. Era noche cuando nos aproximábamos a Chicago. Antes de aterrizar me dijiste:

--¡Soy tan feliz! Quiero que me quieras siempre. No haré otra cosa que ser tuya y quererte sin reservas. Confío en que por que te sientas querido con todo el amor que sea capaz de darte, no llegue yo a ser menos importante para ti.

Sabes Bella, mañana se cumple década y media de aquella memorable noche de marzo en que llegamos juntos a Chicago, y los años transcurridos sólo han enraizado con vigor nuestro amor. Cada vez que escucho a la gente comentar sobre lo armoniosa que es nuestra relación… y al ver a nuestros dos hijos que también crecen saludables y amorosos y, además, al remembrar las gratas vivencias que desde nuestro reencuentro compartimos, ante todo ello, te aseguro que a veces ambiciono desandar el camino hasta nuevamente reencontrarte. Pero eso no es posible ni necesario. Sin embargo, es y seguirá siendo permisible que nuestro idilio continúe como un final placentero de un frágil cuento con aroma a tiempos de duendes y hadas.

--Te amo, mi vida.

--Y yo a ti, mi amor.

La hija

Pero como el hombre ponía muchos pretextos para evadirse de ayudarla, la mujer se encolerizó y, antes de abandonar sola la oficina, le empujó a Albertito encima y le gritó:

--¡Con este muchacho te quedas tú hoy! ¡Es tu hijo, cómetelo si no lo quieres tener contigo! Bastante haré al quedarme con Pedrito y con Julia. Yo estoy al borde de tirarme del puente desesperada manteniendo a tres muchachos sola mientras tú te das la buena vida.

Poco después, la madre llevó su inconformidad a un juzgado y ante una jueza de apariencia apacible se llevó a cabo la acalorada disputa en qué el hombre vestido de pordiosero insistía en que "no tenía ni en qué caerse muerto" y en qué la jueza, no creyéndole del todo, al final, con voz firme, dio su veredicto:

--Usted, además de permanecer con Albertito, habrá de pagar una mensualidad de cuarenta pesos para la manutención de los otros dos menores. Es muy fácil procrear, si después no hay que acordarse ni siquiera de que los hijos existen.

La madre recibió el dinero el primero y el segundo mes. Entonces hubo dos meses de atraso. Pedrito acudía a buscar el dinero pero, alegando sus muchas deudas y que los negocios no andaban bien, su padre le informaba que le tendría el dinero para el próximo mes. Al cumplirse el tercer mes de atraso, Pedrito, de doce años, un año mayor que Julia, se negaba a regresar a buscar el dinero. Contrario a Julia, él había reprobado en la escuela. Y su padre lo había amenazado:

--Si te vuelves a quemar, antes de verme, dile a tu madre que te guarde sebo de flande para que te roce en todo el cuerpo: te dejaré la piel muy mal parada.

La madre, al cabo de varios días, no había logrado persuadir a Pedrito de que volviera a donde su padre. Mostraba una testarudez que Julia nunca había exhibido. Entonces, con su voz de comando, la madre ordenó:

--Julia, esta vez irás tú donde tu padre. Dile que son tres meses. Tres meses --repitió enfatizando cada palabra mientras miraba a la niña con ojos de fuego--: ciento veinte pesos. ¡No permitas que te dé menos, ese desgraciado! No me regreses con menos de ciento veinte pesos.

A julia, alta y flacucha, le aterraba la idea de ver aquel hombre. Tenía muy presentes recuerdos ingratos de los encuentros casuales que tuvo con él en los que no la trató como hija suya. A pesar de ello, había razones para esperar que en esta ocasión las cosas fueran diferentes y que él la tratara algo mejor: hacía buen tiempo que no la veía y por primera vez escuchaba comentarios favorables sobre él. Oía decir que su esposa lo convertía en un mejor hombre, que lo hacía asistir a la iglesia, que él estaba cambiando.

Pero ningún comentario escuchado aminoraba la ansiedad de Julia ante el momento cumbre de realizar el mandato ineludible. Mientras la madre la ayudaba a vestirse y a peinarse, Julia lloriqueó:

--Yo no quiero ir.

--¿Qué dijiste? --inquirió la madre.

--¡Que no quiero ir! –dejó la niña escuchar.

--No es cuestión de gusto, es cuestión de sacrificio --explicó la madre--. Yo he estado viviendo mi vida sacrificada, haciendo cualquier cosa, menos robar ni prostituirme, para que vayan a la escuela y para que no me pasen tanta hambre. Y su padre allá, con carro, aire acondicionado y lujos. Logró engañar a la jueza presentándose como un mendigo; y ahora ni siquiera la miserable pensión de cuarenta pesos al mes quiere pagar... que no son para mí; son para ustedes a quienes él no les compra ni un alfiler.

Se dispuso a hacer el mandado, aunque hubiera dado cualquier cosa por no verle la cara a aquel hombre que no le permitía llamarle papá. Recordaba algunas de las veces que lo hizo y que él le había reclamado: "No me llames papá; a tu padre lo mataron en la guerra." O cuando había protestado: "No me llames papá; me vas a poner viejo." La última vez que lo vio, fue por casualidad. Se encontraron ambos cuando coincidieron en visitar en el mismo día a la madre del hombre. Hacía casi tres años de aquel encuentro.

En una media hora, en transporte público, llegó al lugar donde él trabajaba: una escuela privada de la cual siempre oyó decir que era de su propiedad y que él negaba que lo fuera para protegerse de solicitudes de parientes y amigos. Algunos le pedían becas u otras ayudas; pero él estaba preparado. Uno de sus lemas: "Dando sólo ganan los boxeadores." Arribó al lugar en los minutos en que despachaban a los alumnos de la tanda de la tarde. La escuela tenía el nombre del más renombrado escritor nicaragüense, y este era, a la vez, el nombre del primer hijo del nuevo matrimonio del hombre. La Dirección quedaba a medio pasillo, en el segundo piso. La niña subió la escalera y, presa del terror, sentía las manos heladas, las piernas desforzadas y le parecía escuchar el latir apresurado de su corazón. Se aproximó a la puerta y entró. En unos pocos instantes captó los detalles más relevantes del lugar. La oficina, bastante amplia, al lado izquierdo tenía un gran armario de caoba con puertas de cristal; dentro, contenía un esfigmógrafo, un estetoscopio, dos microscopios y otros utensilios de laboratorios desconocidos para la niña. Sobre el armario, vio los huesos menudos de un esqueleto humano. A la derecha, la pared de azul claro exhibía un tiburón de mediano tamaño disecado y bajo él una gran lamina del mapamundi. Frente a los dos escritorios, algunas sillas.

Traía puesto su mejor vestido: descolorido, miserable.

--¡Buenas tardes! --dijo Julia a la única persona que encontró en la oficina.

--¡Buenas tardes! –respondió desde detrás de uno de los escritorios, una mujer de unos treinta años que vestía un elegante uniforme azul, qué le venía bien a su piel blanca y su cabello de oro.

--¿En qué te puedo ayudar? --dijo después del saludo.

--Quiero ver al director –respondió Julia.

--Él no se encuentra. Soy la subdirectora. ¿De qué se trata?

--Debo verlo a él. Es un asunto personal.

--¿Personal? --se mostró intrigada--. Además soy su esposa. Tal vez, de todas formas, pueda ayudarte.

--Debo verlo a él –insistió la niña

--Entonces espéralo, no tardará en llegar.

Se sentó frente a la mujer. Esperó por media hora. En ese tiempo, la mujer, con gran sutileza, logró que la niña le dijera qué la llevó a ver a su esposo. También le preguntó por su edad, por su madre y por su hermano Pedrito. Después de informarse de todo lo que quiso saber, la mujer le confesó con tristeza:

--Cuando me casé con tu padre, me hizo creer que no tenía ningún hijo. Ahora han comenzado a aparecer por aquí y por allá. Estoy que no hallo qué hacer o qué decir.

Julia, a pesar de la tensión, se sentía algo a gusto hablando con la mujer. Le dijo:

--Usted parece muy buena persona. Otra en su lugar

me trataría con rudeza.

--Pero tú no tienes la culpa de nada –dijo pausadamente la mujer--. Te veo como si fueras hija mía. Tengo dos hijos con tu padre. Si nos separáramos, no quisiera que ninguna otra mujer me les dé maltratos.

En esos instantes se escucharon murmullos de gente que subía la escalera. Entre quienes hablaban Julia reconoció la voz de su padre. Cuando hubieron subido, él se detuvo a la puerta. Asustada, como animalito acorralado, Julia lo miró. Primero, enfocó los zapatos bien lustrados del hombre, luego subió la vista hasta abarcar su imagen completa. Era alto y esbelto como lo recordaba. Había aumentado unas pocas libras desde la última vez que lo vio; pero mantenía aún el intenso negror de su pelo, la misma brillantez de sus ojos, que más que mirar, parecían leer y los mismos altos y anchos hombros que cubría bajo una guayabera impecablemente blanca. Dos hombres lo acompañaban. Se detuvieron tras él. Cuando se paró en el umbral, primero miró a la niña; y luego miró a su mujer y le preguntó:

--¿Algún mensaje para mí?

--No, sólo esta joven que desea verte --respondió la mujer.

El hombre echó otro vistazo de arriba abajo a la niña, y volvió de prisa la vista a su mujer y le dijo:

--Regresaré en seguida.

Pasó entonces a un aula cercana, seguido por los dos hombres. Inspeccionaban el lugar. Él contestaba sus preguntas y les daba detalles sobre él número de estudiantes y sobre las buenas condiciones de las paredes y de los sanitarios. Subieron además al tercer piso. Cuando bajaron despidió a los dos inspectores en el pasillo, frente a la puerta de la Dirección. Entonces entró. Se sentó detrás del escritorio que había estado disponible. Revisó y organizó unos papeles. Levantó la cabeza e inclinó el cuerpo hacia atrás. El sillón respondió estribándose. Se engrapó la barbilla entre el índice y el pulgar de la mano derecha al tiempo que recargó el codo sobre el brazo acolchado de su asiento. Comenzó a mecerse con la cara ligeramente erguida y la vista fija en ningún lugar. Después de unos instantes, sin aún mirar a la niña, con tono vacilante, como quien olvida algo, dijo a su mujer:

--¿Dijiste que había un mensaje?

Ella corrigió rápidamente:

--¡Ningún mensaje, dije que esta joven quiere verte!

Entonces la miró con rostro frío y sereno. Y con aire presuntuoso dijo las dos palabras:

--¡Dígame, joven!

Julia había estado soportando un hondo dolor; pero ante esas palabras cedió, como al final cede la masa de nieve que inicia una avalancha, dejó caer su largo pelo sobre las huesudas piernas tiritantes y se echó a llorar desconsoladamente. Estaba segura de que él sólo fingía no conocerla.

Al verla irrumpir en llanto, el hombre se paró de prisa, caminó hacia ella. Antes de llegar pronunció la inconclusa oración:

--¡Ooh; pero esta es..!?

Ella no supo si el olvidó su nombre o si acaso no quiso decirlo. Al llegarse a ella, le posó una mano en la espalda y palpó los huesos de la niña desiertos de carne.

--Ven. Ven acá -decía, imprimiendo tono de lamento a su voz; a la vez, le hacía fuerza hacia el frente para desprenderla de la silla. La niña consintió. Sé acotejó el pelo hacia atrás, se puso de pie y aturdida se dejó llevar fuera de la oficina. La condujo al aula cercana que minutos antes había mostrado a los inspectores. Ella sollozaba cabizbaja. Él le pidió que no llorara. Le extendió su pañuelo blanco. Ella temblorosa le empujó la mano en rechazo. Ante su gesto, él le levantó la barbilla con su mano derecha. La niña pudo ver el semblante disgustado del hombre. Él la miró fijamente a los ojos y, en un tono que mediaba entre el lamento y el reclamo, le dijo:

--No creas que te he hecho esto a propósito. Sencillamente no te reconocí.

Por primera vez le habló en casi tres años. Con voz entrecortada por los sollozos, preguntó:

--¿Y por qué yo lo conocí a usted en seguida?

Le soltó la barbilla. Movió la cabeza a ambos lados como buscando qué contestar. Subió el pie derecho en un pupitre, se llevó una mano a la rodilla, entonces respondió:

--Los adultos casi no cambiamos físicamente; pero los niños cambian muchísimo. Además, en mi trabajo siempre estoy lidiando con gran número de estudiantes. Donde quiera se me presentan algunos. A todos atiendo; pero a veces no sé quien es quien.

Incrédula, con voz trémula, Julia le habló por segunda vez:

--Vine porque mi madre me mandó a buscar un dinero.

El hombre entonces suspiro profundamente. La niña subió la vista. Él se rascó la cara parsimoniosamente y movió la cabeza asintiendo distraído. Entonces entró la mano a su bolsillo, sacó la cartera y extrajo dos billetes. Colocó en ambas manos de la niña sendos billetes y, en el mismo orden en que los puso, dijo:

--Este es para tu madre, y este es para ti.

Era un billete de veinte pesos seguido de uno de cinco. Julia protestó:

--¡Mi madre dijo que son ciento veinte pesos!

--¡Llévele eso! –comandó el hombre de modo intimidante--. Tu madre cree que yo soy rico.

Guardó su cartera y le dio la espalda. Se acercaba a la puerta dejando el aula. Antes de salir se detuvo. Le preguntó en voz baja:

--¿En qué curso estás?

--Acabo de pasar a quinto –respondió la niña. Y acaso esperaba una felicitación por promoverse de grado. El hombre, en cambio, dijo:

--Debo irme. Mi esposa me espera para irnos a la casa.

El hombre caminó unos pasos y entró a la Dirección mientras Julia, aturdida, pasó de largo, bajó la escalera y abandonaba de prisa el plantel. Cruzaba la calle tan abstraída, que sólo en medio de la vía alcanzó a tener la sensación lejana de no haber tomado las precauciones de rigor. Al cabo de unos segundos crecía y crecía el número de curiosos. El director y su esposa, al partir, encontraron el tumulto frente al plantel. Entre los aglomerados, unos cuantos zarandeaban a un hombre de mediana edad acusándolo de manejar sin el cuidado requerido en un área escolar. Al principio, el director vaciló un instante, pero, por la hora, quiso descartar que pudiera ser un estudiante, hacía más de media hora que los habían retirado, pensó entonces en algún vendedor callejero golpeado por el auto, pero descubrió que los ojos de muchos curiosos se clavaban en él, y esto disipaba sus dudas, debía tratarse de algún estudiante que pudo haberse quedado merodeando por las instalaciones del local. Hasta escuchó claramente a una vieja con voz lastimera clamar:

--"¡Pobre estudiante!"

Entonces se abrió paso entre la muchedumbre. Y sorprendido, muy sorprendido, reconoció el vestido destrozado y la notable cabellera que cubría gran parte del bulto ensangrentado y semideforme. La manita izquierda, al igual que la boca, permanecía abierta; pero la mano derecha era un puñito que, bien apretado, resguardaba los veinte pesos para su madre.

Tras una licencia de chofer

Bajo el sol sofocante de agosto, se extendía la hilera de los carros de quienes tomarían el examen de manejo. Poco después de las once, se acercaba el turno de un hombre que, pobremente vestido, con ojos vivaces escudriñaba todo el recinto. Era Antonio Sánchez, de casi cuarenta años, qué a su retiro de las Fuerzas Armadas, hacía dos años, incursionó activamente en la política, alentado por la promesa de que su partido, si ganaba las elecciones, lo colocaría en algún lugar donde pudiera superarse económicamente.

Con el examen escrito no tuvo problema. Conocía las leyes de tránsito, además todavía esa parte del examen no estaba tan plagada de timadas y mordidas como ocurría en el área del examen práctico. Aunque diestro al volante, su interés fue ejecutar el examen lo mejor posible, sin dar motivo alguno para que lo reprobaran. Antes de ese día, había escuchado muchas historias de gente que salía decepcionada del lugar, pero dudaba que algún examinador llegara al límite de reprobarlo a él que, cuando fue militar, manejó bastante sin tener ningún accidente.

A las once y treinta, se le acercó un joven de aspecto enjuto. Sospechó que lo trajo la misma razón que lo había llevado a hablarles a los aspirantes a chóferes que manejaban los carros que estaban frente al suyo, que era parte de un viejo engranaje con el que liberaban al examinador o inspector de tener que estafar directamente al aspirante a chofer. Al abordarle, el muchacho, con rostro sonreído, dijo quedamente:

--Amigo, ¿está dispuesto a pasar?

--¡Por supuesto! –respondió Antonio. Entonces, prolongando la sonrisa, el joven agregó:

--Arregle todo conmigo. Yo trabajo con quien lo examinará.

--¿Qué es eso de arreglar todo contigo?

--Quiero decir que con quinientos pesos usted saldrá de aquí con su licencia.

--No necesito dar dinero. Manejo perfectamente.

El joven frunció el sudado entrecejo. Y antes de continuar su labor con el carro que estaba detrás del de Antonio, le profesó esta amenaza:

--Aquí el que no floja los pesos, está quemado de antemano.

Antonio Sánchez continuó escrutando escrupulosamente todo lo que podía mirar. Bajo el sol enceguecedor, el panorama del recinto se desplegaba como una réplica de cada día laborable: la breve discusión, pretendidamente discreta, entre un examinando y un mediador o buscón cualquiera que obviamente concluía en el rechazo del primero o en el convenio sobre la cantidad. Si se acordaba el precio, seguía entonces, el paso de un puño cerrado a una mano abierta que recibía los billetes simulando todo un saludo fraterno. En tanto la gente entraba y salía y ocurrían esporádicas manifestaciones de alegría de los que pasaban el examen y explosiones de disgusto de muchos de los que reprobaban. Algunos se quejaban contra la institución y hasta contra el Gobierno.

A las once y cuarenta, salió de una oficina un hombre de treinta y cinco años que desplegaba una prolongada calva qué el sol hacía brillar, vestía corbata roja y camisa blanca y cargaba un portapliegos negro en la mano izquierda. Era el que examinaría a Antonio Sánchez. A pocos pasos de salir de la oficina, se entretuvo un instante hablando con el tipo flaco que había pedido dinero a Antonio.

- ¿Qué hay con ése? --preguntó el examinador, refiriéndose a Antonio.

--No quiso entrar en nada. Dice que sabe manejar perfectamente.

--Sepa manejar o no, si no floja los pesos se jodió.

Entonces, mal encarado, el examinador se dirigió al vehículo de Antonio. Este, con las dos manos al volante, su cinturón de seguridad abrochado, lo vio entrar y pudo apreciar, además de su semblante enojado, la identificación que pendía del bolsillo de su camisa. Se destacaba el nombre: Adulo Ventura. Antonio saludó:

--¡Buenos días, señor Ventura!

Ventura, por un instante, lo miró intrigado, pero se dibujó desdén en su semblante al asegurarse que no era conocido y que vestía como un miserable. Asumió que quería lucir simpático al llamarlo por su apellido. Su respuesta al saludo fue una orden en tono áspero:

--¡Mueve el vehículo que eres el próximo!

Antonio Sánchez siguió de cerca al que conducía delante. Se detuvo a una distancia prudente cuando aquel iba a tomar la primera parte del examen, considerada la más difícil. Consiste en estacionarse de reversa entre cuatro largos pivotes verticales que son gradualmente alejados o acercados conforme al tamaño del vehículo de turno. En la maniobra, los pivotes no deben ser tocados por el vehículo que tome el examen, qué debe quedar estacionado justamente en el centro. Es la prueba de que el futuro chofer podrá estacionarse en medio de dos vehículos en donde el espacio sea apenas el suficiente para que quepa el suyo.

El conductor que precedió a Antonio logró estacionarse con mucho trabajo y después de varios intentos. Al llegar su turno, Antonio Sánchez rodó suavemente su carro hasta que las dos gomas de atrás estuvieron alineadas a los dos pivotes delanteros. Puso entonces la reversa y movió el carro hacia atrás a la vez que, con unos escasos movimientos del guía. Lo estacionó nítidamente en medio de los cuatro pivotes. Cuando salió, el inspector lo mandó a abrir el bonete del carro e hizo ocho preguntas de mecánica. Debió responder sobre la distribución de la corriente en el carro y sobre las partes del carburador y sus funciones.

Entonces le ordenó que saliera a la calle. Antonio volvió a ceñirse el cinturón de seguridad y tomó la ruta indicada. Y obedeciendo la ley de transito, mantuvo la velocidad entre 30 y 40 kph, además conservó una distancia prudente de los carros que iban delante. Más adelante, el examinador lo hizo detener en una subida prolongada. Le pidió que apagara el carro. Antonio Sánchez puso el freno de emergencia y apagó el vehículo. Enseguida, Adulo Ventura le indicó que continuara. Antonio enclochó, encendió, liberó lentamente el cloche, al mismo tiempo, aceleró gradualmente mientras soltaba el freno de mano que tenía a su derecha. El vehículo se movió limpiamente, sin un jadeo, sin rodar hacia atrás un centímetro. Completado el ascenso, Ventura lo hizo desviar por una calle poco transitada y le ordenó dar una larga reversa en una curva cerrada. Mientras Antonio Sánchez manejaba, Adulo Ventura sacó por la ventanilla su cabeza calva para contactar a qué distancia mantenía el carro del contén. Cuando hubo doblado le pidió que parara. Ventura abrió la puerta y pareció medir la distancia a que el carro quedó estacionado del contén. No cabe duda de que estaba a la distancia que requieren las leyes de tránsito. Volvió a hacer algunas anotaciones.

Cuando quitó los ojos del formulario, miró a Antonio Sánchez con algo parecido a complacencia; pero, irónicamente, en un tono que mediaba entre la alabanza y el reclamo, le dijo:

--Se ve que manejas sin precauciones, demasiado confiado. Apuesto a que estás acostumbrado a guiar violando las leyes: sin licencia y sin seguro. De todas maneras, te quiero ayudar para que no te quemes.

--Ayúdeme entonces —aventuró Antonio Sánchez.

--¡Espérate que eso no es así! —protestó Adulo Ventura.

--¿Qué quiere usted decir?

--Consígueme lo que tú puedas para resolverte el asunto.

--¿Qué quiere usted que le consiga? -preguntó con una calma que desesperaba a Ventura.

--Aunque sean trescientos pesos.

Antonio Sánchez entonces intentó persuadirlo con una historia que no conmovía a Ventura, habiéndola escuchado de cientos de pobres gentes para quienes obtener su licencia representaba una esperanza de mejorar en algo sus pobres existencias. Apretó fuertemente el volante y en tono de súplica dejó escuchar:

--Sr. Ventura, estoy desempleado. No tengo dinero. Tengo tres hijos a quienes mantener. Necesito la licencia para ver si alguien me alquila un carro para buscarme la vida en el transporte público.

--¡Pero tú no puedes venir a examinarte sin traerle lo

de uno! ¿Has oído de alguien que haya conseguido su licencia por su linda cara?

--Excúseme, no le escuché bien –mintió Sánchez. Ventura repitió con gran vigor:

-- ¿Que si has oído de alguien que haya conseguido la licencia por su linda cara?

--¡Usted querrá decir, por sólo saber manejar! –protestó Antonio Sánchez. Pero Ventura no se dejó amedrentar y con ímpetu, poniéndose nuevamente la careta de enojo con que, al inicio del examen, abordó el carro, le dijo:

--¡Examen concluido! Regresa a La Terminal.

Media hora más tarde, desde un banco, Antonio Sánchez escuchó llamar su nombre desde una ventanilla. Se secó la sudada frente con su pañuelo y se acercó. Un moreno de altura colosal le extendió un pedazo de papel al tiempo que, sin ninguna emoción, después de un gran bostezo, le explicó el contenido:

--Usted se quemó. Con este papel tiene otra oportunidad de poder examinarse sin tener que pagar. Prepárese mejor y vuelva.

--¡Escuche!, le gritó Antonio Sánchez, con mirada dura y con voz que, a pesar de su apariencia humilde, intimidaba, con un dejo de hombre fuerte, del militar que había sido--: ¡Haga saber a mi examinador, el señor Adulo Ventura, que se prepare, que lo que hizo hoy conmigo, llegará hasta el mismo despacho del nuevo administrador a quien conozco personalmente!

El jueves, por la tarde, el nuevo administrador de la *Dirección General de Tránsito Terrestre* pidió le trajeran el expediente de trabajo del inspector Adulo Ventura. Había pasado la mañana revisando papeles, haciendo preguntas a las secretarias y a otros subalternos. La información compilada le permitía comenzar a sentirse cómodo en su nuevo cargo. En este, su tercer día de trabajo, ya había hecho informar sobre su destitución al encargado de la sección de exámenes teóricos, así como a otra parte del personal. En su lugar pondría a gente de su confianza y de su partido. Terminaría este día de labor ajustando cuenta con el inspector Adulo Ventura. Revisó cuidadosamente el expediente de Ventura. Lo encabezaba la foto de un joven flaco con la cabeza cargada de pelo. Adulo Ventura llevaba 15 años laborando en la dependencia, siendo uno de los empleados con más tiempo de servicio en esa institución. Había sobrevivido a seis administraciones con sus secuelas de cancelaciones y sustituciones que ocurrían en cada cambio de gobierno. Adulo Ventura se inició en ese trabajo limpiando las oficinas y barriendo la explanada donde se inicia el examen práctico, luego fue mensajero, después guardia de seguridad y más tarde laboró expidiendo los exámenes teóricos y, finalmente, durante los últimos cinco años se había estado desempeñando como inspector de los exámenes de manejo o prácticos. El administrador analizó el asunto fríamente y pasó a tomar la decisión que creyó más saludable para los intereses de su nueva incumbencia. Dispuso que hicieran venir a su despacho al examinador Adulo Ventura. Poco después Ventura esperaba en el antedespacho del administrador. Cuando la secretaria fue autorizada, muy gentilmente, mostró la puerta del despacho a Ventura y le dijo:

--Usted puede pasar.

Ventura abrió la puerta con rostro teñido de tristeza. Asociaba su presencia allí, además de las cancelaciones que se habían iniciado, con la amenaza dejada por aquel extraño y pobre diablo a quien él había reprobado hacía apenas cuatro días.

--Dijeron que Quería verme, señor –declaró Ventura al nuevo administrador que, sentado tras su escritorio, exhibía rostro de quien va a tratar un asunto muy serio.

--Sí. Acérquese y siéntese –ordenó.

Ventura se rascó la cabeza calva, se acercó y tomó una silla. Vio al administrador manosear un expediente que no podía ser otro que el suyo. Se entretenía discurriendo la vista entre el rostro de Ventura y el currículum, haciéndolo esperar unos segundos interminables. En esos instantes, Ventura se mordió los labios y sintió ganas de llorar. El administrador, por fin, volvió a hablar:

--¿A cuántas personas examina usted al día?

--Entre siete a diez personas, señor.

--¿Y qué cantidad le pasa el examen?

--La mayoría lo pasa, señor

--¿La mayoría, dijo usted?

--Sí, por ejemplo de 7 pasan 4 ó 5.

--Ya veo. Y la situación es la misma con los otros diez a doce examinadores. ¿Verdad?

-- Sí, señor. Es prácticamente lo mismo.

--¡Prácticamente lo mismo! –repitió con marcado énfasis el administrador. Y Ventura no se equivocó al asumir que, por el tono, lo que en verdad quiso decir fue: hacen prácticamente lo mismo que usted le hizo a aquel hombre. Pues al cabo de unos segundos el administrador suspiró y añadió:

--Es decir, que cada uno de ustedes se embolsilla entre dos mil a tres mil pesos diariamente.

--¡No le entiendo, señor! --balbuceó Ventura.

El administrador se paró del sillón y acercó su rostro enojado al de su subalterno y en agrio tono le gritó:

--¡No se me haga el tonto! ¡Usted entiende perfectamente lo que le digo! Míreme bien y dígame: ¿Acaso por linda cara o por saber manejar se pasan los exámenes en este lugar?

Ventura se estremeció y abrió los ojos como dos lunas. Observó muy bien al administrador y no tuvo duda. Había sido el saco, la corbata, la camisa, el peinado impecable... los que habían hecho imposible que identificara de inmediato al administrador como al mismo hombre que, hacía cuatro días, vestido muy pobremente, había manejado de modo excelente, pero que se negó a pagarle el precio módico de 300 pesos. Al no albergar dudas, Adulo Ventura sintió que se adueñó de su vientre un frío que le nubló los sentidos. Augurando un duro desempleo, apreció mentalmente ante sí un panorama sombrío ya que el partido que se acababa de instalar en el gobierno no era el suyo. Buscando algo en su defensa, trabajosamente alcanzó a decir:

--Señor, yo no podía saber... Nosotros aquí tratamos de defendernos. ¡Usted sabe! Cualquier otro inspector hubiera actuado igual que yo. Si quiere ser justo, tendrá que despedir a todo el mundo.

El administrador por fin comenzó a mostrar un rostro menos severo. Después de unos instantes, sonrió y sin dureza agrego:

Mientras revisaba tu expediente decidí no despedirte. Me dije: "Sería insensato desaprovechar la experiencia y el hecho de que, por su dinamismo y sus largos años aquí, este hombre goce de cierto respeto."

A Adulo Ventura le costó trabajo creer lo que escuchaba; pero sin perder tiempo expresó

--¡Gracias, señor! No sabe el gran bien que me hace.

Hablaron por casi media hora. En ese tiempo, Antonio Sánchez le explicó las razones por las que había decidido darle un voto de confianza y le precisó la manera correcta en que debía desempeñar el cargo. Ventura aprobó todo y prometió lealtad incondicional y hacer las cosas del modo en que su nuevo jefe se lo pedía. Al final del encuentro, Antonio Sánchez quiso asegurarse de haber sido entendido claramente.

--Dígame con sus propias palabras a qué acuerdos hemos llegado, Sr. Ventura.

Adulo Ventura se pasó la mano por la cabeza pelada y se mostró sereno al decir:

--Por considerarme una persona muy esforzada y muy discreta, usted ha decidido darme una gran oportunidad. Yo le he prometido lealtad total y desde mañana mismo, señor, mi trabajo incluirá supervisar a los demás inspectores. Debo explicarles que usted sabe el modo en que han estado procediendo. Le plantearé que para que conserven sus empleos, deben entender que con usted comienza un nuevo orden en esta institución, que hay nuevas reglas de juego que deben ser respetadas. Mañana mismo usted me presentará a los examinadores como su supervisor. Y, desde entonces, será responsabilidad mía y sólo mía hacer llegar a usted lo suyo: un reporte que incluya mil pesos para usted por cada examinador que haya laborado.

--¡Exactamente! –sonriendo dijo el nuevo administrador y, después de un apretón de manos, agregó --: ¡Puede retirarse!

Sus últimas palabras

Durante sus últimos quebrantos, ordenó que se anunciara por todos los medios y por varios días su próximo discurso en qué aclararía de una vez por todas sus dudas.

Percibió que concurrió mucha gente al acto... los demás desde sus hogares o desde cualquier otro lugar escucharon su tan promocionada alocución. Los que estuvieron presentes y los que lo vieron por televisión notaron que lucía más delgado y ansioso que en sus anteriores comparecencias. Fue acercado a los micrófonos y, sin dar señal de que le molestara el sol qué en ocasiones le daba de frente, interrumpió los aplausos y las consignas de la multitud y, con un vigor sorprendente para sus casi cien años, inició su discurso:

"En el país ha habido exaltación y pánico en el mar. Y sólo porque anuncié que construiré un gran puente. Hablaba de un puente más y no del que informaron los medios citando todo como declaraciones mías. Contrario a mi costumbre, me angustié tanto por la desinformación propagada que me dejé quebrantar el corazón y el sistema nervioso. Me vi afectado de largas y frecuentes pesadillas. Estoy aquí para desmentir, para aclarar. Se ha especulado con una obra de construcción cuya ejecución ha estado y está totalmente descartada de mis planes; lo digo para tristeza de muchos y para calma de los que sintieron pánico. Si construyera ese puente, es fácil colegir que jamás se hará realidad el país que desde niño soñé... hoy todos ustedes aquí con su presencia, me convencen de que mi alucinación ha concluido. Tuve una pesadilla en qué me hallé sin ver a nadie por ningún lugar. Naturalmente, no poder ver no podía inquietarme, pero sí el silencio total. Envuelto en él, comencé a sentir pavor cuando llegué a sospechar que hasta Ojeda, quién por tantos años había sido mi sostén y mis ojos, se había ido. Me convencí porque grité y grité y nadie respondía a mis gritos. Logré, a tientas, encontrar la radio; pero no conseguía sintonizar emisiones locales. Pude dar con un noticiero de una emisora extranjera. Y no pude menos que creer que estaba loco, pues no podía dar crédito a lo que escuchaba. Informaban de: "Un éxodo completo de todos los habitantes." Debo estar soñando, me dije, eso no es tan fácil, de aquí no ha partido nadie; ese puente no existe; ordené la construcción de un gran puente, pero no de ese puente. Y, para empeorar mi estado, los tiburones me perseguían y me reclamaban. Asociaban el recién construido puente con el cese de los naufragios de botes de madera, y a mí me creían responsable de que ellos estuvieran pasando hambre. Yo soñaba con hambre porque sentía mucha hambre. Abrí los ojos, pero por no ver nada, creyéndome solo y sin advertir que había despertado, procurándome alimento, traté de llegar a la nevera tropezando con todo lo que encontré a mi paso. Entonces Ojeda sé acercó para asistirme. Desesperado, lo sacudí por el traje y lo hice jurarme por las tumbas de sus padres de que yo estaba despierto y de que nunca había firmado la orden para la construcción de tan colosal puente. El juró. Y trajo a otros palaciegos que también juraron. Pero hasta ahora he estado inquieto e incrédulo. Compatriotas todos, estoy aquí más que para recalcar a la nación que ese puente jamás lo haré, sentir con su presencia que ese puente en realidad no existe. Además, quiero prometerles que en mi próximo mandato, definitivamente, iniciaré el gobierno que desde niño soñé."

A las 11:47, sólo veintitantos minutos después, con la percepción de que había transcurrido mucho más tiempo, tuvo la sensación de que se acercaba al pie de su lecho una presencia cotidiana, muy cotidiana. Se sintió vigoroso y procuró moverse ágilmente e imprimir excitación a sus palabras:

--Ojeda, ¿qué te pareció mi discurso? –dijo.

Pero la voz que respondió pareció también cotidiana, pero revestida de ensueño y lejanía. Era autoritaria y reconocerla popiciaba que, de su laberinto, su única salida se sellara:

--¿A quién llamas Ojeda, y de qué bendito discurso hablas, muchacho?

--¡Papá! ¡Pero usted, pero yo..! Debo estar soñando otra vez –alegaba sorprendido e incrédulo.

--¡Cállese y levántese! Va a llegar tarde a la escuela.

--Papá, pero yo era grande y era el presidente. Y yo levantaba magnas obras de construcción y con mi sola voluntad se ejecutaban o desaparecían grandes y fastidiosos enemigos...

Entonces, con rostro quejumbroso, se retorció entre sollozos. Y Ojeda se acercó al lecho porque, con voz débil, lo escuchó murmurar:

--¡No puede ser, no puede ser!

--¿Qué no puede ser?, Su Excelencia –preguntó gentilmente Ojeda.

--¡Papá, papá! ¡Dígame que no es cierto! –insistió él, en cambio.

--¡Tranquilo, tranquilo! ¡Fue todo un sueño! --lo confortó Ojeda.

--¿Qué fue un sueño, papá?

--¡Su Excelencia, Su Excelencia –le tomó la mano--, yo soy Ojeda!

--¡Ojeda, Ojeda! ¡Oh eres tú Ojeda! ¡Júrame que eres Ojeda!

--Se lo juro.

--¿Y el discurso, Ojeda? ¿Y el puente? ¿Y la presidencia? ¿Y los muertos y los desaparecidos, Ojeda? ¡Dime, dime! –insistía en un momentáneo ataque de frenesí.

--Descanse, Su Excelencia, descanse. Mañana debemos ir a inaugurar una escuela.

--¿Qué escuela? ¡Oh, la escuela! –Y mientras se desprendía su último aliento, su asistente, Ojeda, le escuchó balbucear:

--Papá, no quiero ir a la escuela hoy.

Después del accidente

Escasa de palabras, sobre la desvencijada cama, la pareja sentía crecer el calor del medio día mientras hasta el cuartucho llegaba, como una corriente desbordada, el ruido incesante y caótico de los radios de los vecinos. Después de las 12:30, la mujer intranquila, ocasionalmente, se paraba de la cama y asomaba la cara a la puerta que carcomida e inclinada quería desprendérsele al marco.

En uno de los regresos de la mujer a la puerta, el hombre se mostró impaciente:

--¿Crees, que con ir y venir de aquí a la puerta vas a resolver algo? De seguro que ese muchacho sólo se entretuvo jugando con algún amiguito.

La mujer, con las huellas del hambre imprimida en el rostro, bajó la vista sin ánimo de contradecir. Al regresar a la cama, la cabeza le dio vueltas, las piernas le flaquearon y no pudo evitar dar al piso al ser presa del segundo mareo del día.

--¡Qué vaina, carajo!, tú debes estar preñada –dijo

el hombre mientras, desde la cama, hacía intentos por socorrerla.

--Se quedó sentada en el suelo por cinco minutos. El hombre extendió la mano y la posó sobre los hombros de la mujer que le quedó de espalda. No había dudas de que su mujer había enflaquecido, sentía su clavícula muy desprotegida y al bajar la mano por encima del vestido le podía contar las costillas.

--Goyo --dijo débilmente ella--, no podemos dejar que el hambre nos seque como a higos. Yo debo salir a buscar algún trabajito que pague algo: algún lavaito, o ayudar a alguien con los quehaceres de la casa para ganarnos tan siquiera qué comer.

El hombre procuraba hallar qué decir. En esos instantes se acercó una mujer vieja a la pieza y sin entrar preguntó:

--¿Cómo está el enfermo?

--Ahí, ahí, doña Tomaza –respondió él--. Algo mejor. La que está mala ahora es ésta. Yo digo que debe de estar en cinta. Le han dado como cinco mareos hoy.

--¿Embarazada, vecino?, por eso es que yo la veo tan pálida...

Mientras la vieja hablaba el hombre quiso acotejarse en la cama, y sintió un profundo dolor cuando trató de mover la pierna enferma. Se le escapó un gemido animal. Iba a vociferar tres coños; pero no los dijo por respeto a la visitante que estaba parada a la puerta. Después de reanudar la conversación, el hombre, ruborizado de vergüenza, se avalentonó y dijo:

--Doña, Tomaza, hágame el favor y préstenos veinte pesos. Yo se los pagaré cuando pueda recoger un dinerito que algunos clientes me deben en la calle.

La vieja frunció la cara. No esperaba tal solicitud. Desde el accidente, había estado pasando cada día sólo para saber del enfermo. En ocasiones le había traído algún vaso de jugo o un jarro con café. Pero como, en ningún momento pensó negarse a prestarle el dinero, por su mente desfilaron tres o cuatro vecinos a quienes ella pensó que podría solicitarles los veinte pesos prestados. Le agradecía al hombre que a veces le había regalado frutas de sus provisiones.

--Sí, don Goyo yo le voy a conseguir los veinte pesos –dijo finalmente la vieja confiada.

--María, ve con ella para que traiga el dinero –dijo el hombre.

--¡No! –protestó la vieja--. Yo se lo mando con un muchacho.

Cuando quedaron solos, el hombre comenzó a lamentar:

--Nunca falta una desgracia, María. Tan bien que estábamos nosotros y pasarme este accidente a mí. Un hombre tan trabajador como yo qué desde los ocho años he trabajado como un burro para no pedirle un centavo a nadie.

Mientras hablaba, se miró el yeso de la pierna enferma cruzada por tres clavos y que le cubría desde la pantorrilla hasta más arriba de la mitad del muslo. Entonces volvió a maldecir al chofer de la camioneta, qué se dio a la fuga después que lo golpeó haciéndolo saltar desde su triciclo con todo y las frutas que ese día él, como cada día, iba entretenidamente vendiendo por las calles de siempre. Cayó inconsciente, mientras rodaba por el suelo su mercancía compuesta de frutas maduras: guineos, piñas, naranjas y lechosas; frutos que en el mercado él mismo escogía de los mejores, con los que obtenía el agrado de su clientela y el sustento de su familia. Recobró el conocimiento en el hospital; pero no supo más ni de su triciclo ni de las frutas, ni del dinero obtenido con los productos de la venta del día.

--María, pásame otra pastilla; porque este dolor se está volviendo insoportable –se quejó el hombre.

La mujer, que ahora descansaba sudada boca arriba al lado de su marido, paró la cabeza con gran esfuerzo. Entonces, debió mitigar la sensación de mareo y recobrar dominio pleno de su vista, cerrando los ojos y pasándose la mano lentamente por la cara, mientras sacudía la cabeza a derecha e izquierda. Cuando logró levantarse se acercó a la rústica mesa de madera, donde estaban los calderos y los jarros boca abajo. Halló cerca de la estufa el frasco, lo abrió y derramo las pastillas en su mano. Quedaban sólo tres. Tomó una y retornó las otras dos al frasco. Entonces lentamente se agachó y tomó de debajo de la mesa de madera un pote de agua. Vertió un poco de agua en un jarro y se lo pasó a su marido. Al tenderse nuevamente en la cama reflexionó:

--Goyo, esto se está poniendo feo. Nada más quedan dos pastillas en el frasco. Y repíteme una cosa, ¿las que se acabaron fueron los antibióticos o las pastillas para los dolores?

--¡Estas son para los dolores, mujer! Te dije que las de dos colores eran los antibióticos. Ojalá no los tenga que repetir. Cuestan setecientos pesos.

--¡S e t e c i e n t o s p e s o s! --repitió ella enfáticamente--. Con setecientos pesos nosotros fuéramos ricos.

Entonces la mujer volvió a preocuparse por el hijo de ocho años que estaba retrasado en su regreso de la escuela. Debía venir con hambre. Ella quería poder guardarle algo de comer. Quiso levantarse y acercarse a la puerta para ver alguna señal del muchacho, de la vieja o del dinero. Pero decidió esperar un poco más porque el estomago vacío, más los síntomas del embarazo, en ciernes, conjugaban un estado que le producía muy fuertes mareos y somnolencia.

Los abogados de Hoy y de Ayer

"Entre la noche y el alba está
la historia del mundo."
Jorge Luiis Borges

--Hola Mañana, ¿cómo estás?

--Estoy muy triste, Alba.

--¿Y por qué, Mañana?

--Es que continúan los problemas con los hijos de don Ayer.

--¿Qué clase de problemas, Mañana?

--Es que Los Ayer insisten en que la herencia total es sólo de ellos y no quieren compartir con los desheredados hijos de Hoy.

--¿Y Hoy tiene hijos?

--No. En verdad son de don Ayer pero los niega y Hoy los adoptó. Y, por mi defensa a ellos, a veces se considera como que yo también los adopté.

--¿Y don Ayer qué dice de eso?

--Pues poco. Dice que legalmente son hijos de Hoy y que deben buscar cómo arreglárselas porque las cosas van a continuar como siempre han sido.

--¡Pero eso no es justo!

--Así es Alba, pero ni a don Ayer ni a sus hijos le interesa la justicia, sino continuar acumulando más y más.

--Es mejor que Hoy hable con don Ayer directamente, Hoy podría convencerle de que es mejor para todos que haya una distribución más equitativa de los bienes.

--Perfecto Alba, pero tanto tú como Hoy y hasta yo, pensamos parecido, pero don Ayer no. Don Ayer cree que los bienes son sólo de sus hijos legítimos, no importa la sangre.

--Sabes, Mañana, todas las tardes estoy en mi despacho, te sugiero que hagamos un encuentro con don Ayer y con Hoy, tal vez podríamos, en buenas formas, dilucidar el problema de la herencia y escucharemos qué dice don Ayer y qué dice Hoy. Insisto en que intentemos hacer ese encuentro.

--Si hace falta lo haremos, Alba. Me olvidaba decirte que esta tarde tenemos pendiente una reunión con don Ayer y con el abogado del cual te comenté...

--Comprendo, Mañana, y no te olvides que don Ayer consulta a La Noche sobre estos sus asuntos. Ella debe estar bien enterada de la disputa entre don Ayer y Hoy. Pero, dime, hablaste con don Ayer para confirmar que se presentará con el abogado que Hoy y tú contrataron.

--Ya le hablé y confirmó que se presentará, dijo que anda con unos documentos que lo defienden. No sé de qué tenebrosos documentos habla. Pero bien que sé que don Ayer, tal como tú me advierte, anda de brazos con La Noche.

--Ojalá que don Ayer no deje de asistir al encuentro.

--Gracias por tus palabras, Alba. De hecho, Hoy y yo nos presentaremos antes de la cita donde el abogado y entonces, nuestro abogado nuevamente llamará a don Ayer para confirmar su asistencia. Y sabes Alba, ya debo dirigirme hacia donde el abogado para que vaya llamando a don Ayer por teléfono.

--Buena suerte, Mañana.

* * *

--Hola, por favor, me permite hablar con don Ayer.

--Don Ayer no está; ¿quién habla?

--Soy el abogado de Hoy y de Mañana para tratarle un asunto importante.

--Don Ayer salió a dar un paseo con La Noche; soy uno de sus hijos, le daré el mensaje suyo cuando regrese.

--Si salió con La Noche podría irse lejos, por qué no le llama a su celular y le notificas de mi llamada.

--Señor abogado, estoy seguro que él está pendiente del asunto de Hoy y de Mañana. Mañana misma se lo recordó.

--Sí. Pero como representante de Hoy y de Mañana, quisiera tener información directamente de él concerniente a una reunión pautada para esta tarde.

--Entonces llámele usted mismo, su celular: 1 VAN-DEDUCIR.

--Gracias, muchacho, le llamaré en presencia de Mañana.

* * *

--Hola, ¿quién me habla?

--Le habla La Noche.

--Buen día, Noche, me permite hablar con don Ayer.

--¿Quién desea hablarle?

--El abogado de Hoy y de Mañana.

--Un momento, por favor. (¡Ayer, un abogado te habla por teléfono!, Pero Noche porque no dijiste que no estoy, Es el abogado de Hoy y de Mañana y este es tu celular, Está bien dámelo.)

--Hola, habla Ayer.

--Que bueno encontrarle, don Ayer. Yo Hoy y Mañana estuvimos charlando y todos queremos estar seguros de que usted estará presente esta tarde en la reunión para tratar de llegar a un acuerdo amigable con qué dirimir algunos asuntos de la herencia de los hijos desheredados reconocidos por Hoy que no están siendo favorecidos.

--¡Usted sabe que yo le aseguré que iré al encuentro!

--Sí. Perdóneme, don Ayer, sólo quería estar seguro de su asistencia pues ya Mañana está en mi oficina y Hoy viene de camino y quiero que ellos vean que estoy haciendo mi trabajo. Yo les dije que estoy seguro de que usted va a cooperar.

--¿A cooperar en qué manera?

--Pues, viniendo ahora y dando su parecer ante Hoy y Mañana.

--Estaré en su despacho, señor abogado, a la hora

acordada. Iré con La noche. Estamos dando un paseo por Prado Porvenir pero tenemos programado terminarlo con tiempo para asistir a hablar de los asuntos de Hoy y de Mañana.

--Perdone nuevamente, pero recuerde que esos asuntos son también asuntos de usted, don Ayer. De todas formas, como usted dijo, venga con La Noche, hablaremos en mi despacho mientras La Noche aguarda en la sala de espera; aunque si usted desea le abrimos la puerta de par en par para que La Noche se integre al conversatorio.

--Muy bien, señor abogado, La Noche y yo llegaremos y entraremos juntos a su despacho. Ella es de mi plena confianza, como lo fue Mañana, aunque ahora ande con Hoy haciendo causa común contra mí.

--Muchas gracias don Ayer, les estaremos esperando.

* * *

--Mañana, don Ayer estará aquí en mi despacho con La Noche, esperamos que Hoy no dilate.

--Hoy ya viene de camino, señor abogado; pero le hablaré a su celular para confirmar.

--Hoy, ¿por dónde vienes?

--Estoy al llegar, Mañana.

--Sabes que también La Noche vendrá con don Ayer.

--¡De veras! Y en qué tiempo.

--Dijeron que a la hora acordada. Pero dijiste que tú

estás al llegar, ¿verdad?

--Claro. Y dime ¿qué dice el abogado, cómo ve el caso, cree que los hijos de don Ayer se sigan saliendo con la suya?

--No lo sé, Hoy; pero ya sabes que el caso es difícil y que las mentiras de don Ayer siguen siendo respaldadas por su abundante documentación; pero tenemos que luchar por la equidad a pesar de que don Ayer se ha vuelto más siniestro ya que también lo asesora La Noche. Dice que entrarán juntos al despacho, que le tiene entera confianza, y ya comprendes tú que La Noche sabe tejer muy bien la mentira y, más aún, con los documentos de don Ayer. Pero debemos luchar con todas nuestras fuerzas, Hoy. Quizás llegue la ocasión en que hereden los nacidos en desventajas: esos hijos de don Ayer, sin apellido; o por lo menos dejaremos constancia de nuestra noble lucha, quizás un día don Ayer entre en razón.

--No espere eso de don Ayer, y menos ahora que La Noche participa en el juego con él. Debemos ser cautelosos hasta con nuestro propio abogado no sea que termine confabulándose con don Ayer y con La Noche.

--Yo digo lo mismo, Hoy.

--Bueno, Mañana, te dejo, estoy abajo y necesito subir.

--Te espero, Hoy.

* * *

--Inicie usted señor abogado.

--Gracias a don Ayer, a Hoy, a Mañana y a La Noche por su presencia. Estamos reunidos para ver qué podremos resolver con la herencia a la que, según alegan Hoy y Mañana, sus hijos adoptivos también son acreedores e insisten en que las riquezas deben ser repartidas equitativamente. ¿Qué puede decir de este asunto usted, don Ayer?

--Antes que nada quiero aclarar que La Noche es mi abogada y he de ir y venir con ella a todas partes, así como Hoy y Mañana ahora quieren defender en equipo a los bastardos o desheredados. Que nadie tenga ninguna reserva para decir lo que tengan que decir porque La Noche esté presente. Dicho esto, quiero que Hoy y Mañana acepten, sin más protestas, la división actual de la riqueza y de todos los bienes que ella proporciona, como la buena educación, la buena alimentación, la salud preventiva y la garantía para la obtención de las mejores cosas que da la vida, porque esas son herencias mías y de los míos, provenientes de mis padres, los señores Ayer. Ellos nos dejaron esas herencias con papeles legalizados, con testamentos específicos, con viejas instituciones de guardianes y testigos. Todo hace contar que sólo los hijos legítimos de Los Ayer deben heredar. Los desheredados o bastardos deben considerarse simples hijos de Hoy y de Mañana, si así lo quieren; pero no de Los Ayer, por tanto no deben heredar ninguna riqueza. Insisto que sólo a Los Ayer nos pertenecen las herencias y La Noche que también es conocedora de las leyes le podrá dar más claridad a estos asuntos.

--¿Qué tiene que agregar, La Noche?

--Reitero que es cierto lo que dice Ayer: para que legalmente haya una repartición de los bienes heredados debe traerse el apellido de Los Ayer. Sólo Los Ayer; pueden heredar, sólo ellos pueden dejar herencia de riquezas. Los desheredados siempre, serán, como está establecido, los hijos de Hoy y de Mañana.

--Y usted Hoy, ¿qué tiene que decir?

--Decir que la desigualdad es injusticia sirve de poco porque don Ayer se apoya en la tradición. En que las riquezas han estado en su familia por siempre y no sé qué dirá Mañana de todo esto; pero yo, sin un gesto de buena voluntad de don Ayer, preveo grandes conflictos. La ley no ayuda a los desheredados, sino que los golpea e ignora. Es casi imposible, a través de ella, defenderse de Los Ayer que la escribieron y que, a su conveniencia, la modifican. Nuestros hijos, que en realidad son hijos naturales de don Ayer, pero sin ningún reconocimiento y con poca ayuda, son tratados como si fueran otra especie de seres. No tienen recursos para educarse, ni siquiera para alimentarse y curarse adecuadamente, mientras a Los Ayer reconocidos les sobra hasta lo que pueden imaginar. Tienen todo y a todos a sus pies. No nos sorprende que La Noche esté de acuerdo con Los Ayer. Juegan el juego a su manera y muchos bastardos, sumidos en la ignorancia, ni siquiera saben que hay juego.

--Y usted, Mañana, que dirá de lo dicho por don Ayer.

--Reitero que no debe ser cuestión de apellidos ni de tradiciones, eso son sólo excusas inventadas por Los Ayer. A todos los que don Ayer a orillado, como bastardos desheredados, no son más que sus propios hijos; los mismos Ayer condenados a la pobreza, y no porque no corra la misma sangre por las venas sino porque don Ayer así lo decidió. Por tanto, debe ser cuestión de justicia. Si los nombrados Ayer aventajan a los mal nombrados Hoy o Mañana es porque, por largo tiempo, han estado en la opulencia con todos los privilegios de un legado que en llana justicia debiera estar a disposición de todos los nacidos cuya sangre sabemos que es la misma de don Ayer; unos más desgraciados que otros, pero son los hermanos que los nombrados Ayer acosan y explotan para que el pastel se reparta entre menos, para que unos hagan el pastel y otros se lo coman. Por qué no producir iniciativas nuevas que tiendan a aunar esfuerzos que conduzcan a una total hermandad. Por qué no integrar a los hermanos bastardos no sólo al esfuerzo sino también al disfrute de los bienes, es decir, acaso no pueden proponerse los Ayer ser felices con curar las heridas y erradicar el hambre repartiendo el alimento de la educación junto a la mesa de comer.

--Veo que Hoy está más pesimista que usted, Mañana, don Ayer, por su parte, está confiado y a mí, como abogado, sólo me corresponde ahora revisar las copias de estos documentos de leyes y testimonios sometidos por don Ayer en los que basa su defensa; quien sabe si Mañana y Hoy encuentren algunas pruebas que podamos presentarle al juez, prueba que no sólo se base en el deseo de justicia, la buena fe y la razón. Y para concluir, tiene usted algo más qué agregar, don Ayer.

--Reiterar que las cosas están bien como están y que han mejorado para Los Hoy y Los Mañana. A aquellos de ellos que demuestren, con obras, ser tan capaces como los mejores Ayer, se les está abriendo paso y reconocimiento. Pero a los que sólo traigan como bandera las palabras justicia, razón e igualdad, los tildaremos de mentirosos. Todos sabemos que esas palabras no prueban nada. Al acudir a dilucidar estas cuestiones donde cualquier juez, al fin y al cabo, las cosas han de guiarse por las leyes y las buenas costumbres establecidas en las que Los Ayer tenemos plena fe para continuar construyendo un mundo mejor.

Aprendiendo a nadar

A Luis Pichardo y a Indiana, su dulce hijita

El padre comenzó a darle clases diarias de natación en una **gran piscina**(.) que tenía la casa recién adquirida. Llegaba del trabajo a las cinco, comía y comenzaba la lección después de unas siestas de media hora. Durante el reposo de su padre, la niña debía permanecer **adentro de la** casa, esperándolo.

Y ella, **muy contenta** y exaltada, contaba los minutos de espera. Ese día, sin embargo, después de los acostumbrados **treinta minutos** de descanso, el hombre **permaneció** dormido en su cómodo sillón; pero cuando **ella** lo llamó, vio que él intentó pararse; **y así**, creyendo que él se incorporaba, ella llegó corriendo sola a la alberca. Él, en cambio, aún se removía intranquilo en el sillón.

Y tan pronto cayó en el agua, vio que, aunque ella **estaba aplicando lo aprendido**, no **lograba mantenerse a flote**; así que, de inmediato, la niña

chapaleaba el líquido, mientras también
clamaba por ayuda, pero **ella** estaba
sola allí adentro; **y después de un rato**,
por más gritos que **lanzara**, nadie acudió a
socorrerla hasta que, finalmente, el agua comenzó
a acallar sus chillidos. Su padre llegó al lugar
cuando ya los gritos de **su hija se** habían apagado.
Y sin pensar lo **que** hacía, el hombre, qué
llegó corriendo a la piscina, antes de
lanzarse al agua, se dio cuenta de que un fuerte
calambre se apoderaba del lado derecho de su cuerpo;
de todas formas, se lanzó al agua, aunque su brazo
y su pierna derechos quedaron desprovistos de libre
movilidad.
Y, **de improviso**, también él comenzó a
llenar sus pulmones de agua, mientras en
vano trataba de **vencer su calambre**. **Y**, en poco rato,
asombrado, muy asombrado, comenzó a ver su cuerpo
sin vida en el fondo de la piscina. Pero tras dar fuertes
estirones, **pudo, por fin**, despertarse; sin embargo,
el calambre persistía. ***Y el hombre** se dio cuenta de
que su hija realmente se había ido sola para la piscina.
Debía darse prisa y, a pesar del calambre, logró pararse
del sillón.

Entrescrito.com
*Para continuar el cuento, lea lo resaltado en **negrita**:
de corrido y de abajo hacia arriba.
Raúl Martínez Rosario.

Índice

Colofón

Esta segunda edición de *La testigo y otros cuentos*, de Raúl Martínez Rosario se terminó de imprimir en agosto 2020 en los Estados Unidos de América.
Se imprimieron 1,000 ejemplares, más sobrantes de reposición.

Obsidiana Press

www.obsidianapress.net

E-mail: info@obsidianapress.net

Tel.: (917) 8535095

www.ingramcontent.com/pod-product-compliance
Lightning Source LLC
LaVergne TN
LVHW050940080826
845145LV00004B/1338

* 9 7 8 1 9 4 8 1 1 4 2 6 4 *